Mit süßen Grüßen

DAS VERBOTEN GUTE BACKBUCH

UMSCHAU

VORWORT

Was haben ein Bäcker und ein Sänger gemeinsam? Wenn sie ihr Handwerk beherrschen, können sie viele Menschen damit erfreuen und glücklich machen. Das habe ich in meiner Lehre zum Bäcker und Konditor genauso erfahren, wie in den 50 Jahren meiner Musikkarriere. Und genauso wie es manchen Bäcker oder Konditor reizt, neue Rezepte auszuprobieren und in neue Geschmackswelten vorzustoßen, war es für mich immer wichtig, die bunte Welt der Musik in ihrer ganzen Vielseitigkeit zu entdecken. Ich habe Volkslieder und volkstümliche Schlager gesungen, Opern- und Operettenarien interpretiert und mich mit den bekanntesten Musical-Melodien beschäftigt.

Die Emotionalität vieler Kirchenlieder hat mich so berührt, dass seit einigen Jahren erfolgreiche Kirchentourneen auf meinem musikalischen Tourneeplan stehen.

Eigentlich war es nur eine Frage der Zeit, mich auch mit der aktuellen Pop- und Rock-Musik auseinanderzusetzen. Denn das Rezept für diese Musik besteht aus allen Zutaten, die ich den 50 Jahren meiner Karriere immer schon benutzt habe. Insofern war der Weg vom Bäcker zum Rocker gar nicht so weit. Heino rockt, und das mit viel Spaß!

Und ich liebe Kuchen in vielen Variationen, von meiner Heino-Hasselnusstorte bis zum süßen Cake-Pop. Jetzt halten Sie das verboten gute Heino-Backbuch in Ihren Händen. Ich wünsche Ihnen beim Ausprobieren der Rezepte und natürlich beim Genießen der süßen Ergebnisse viel Spaß.

Mit süßen Grüßen
Ihr

INHALT

HEINO
EIN PHÄNOMEN

Das Leben schreibt die schönsten Geschichten und es hält immer wieder überraschende Begegnungen bereit, die den Horizont erweitern können, sofern man sich auf sie einlässt. Natürlich wäre ich irgendwann dahintergekommen, dass die Haselnuss schwarzbraun ist und der Enzian blau blüht. Doch es ging auch ohne botanisches Interesse, denn es gab ja Heino. Lange bevor ich anfing, mich nachhaltig für Musik zu interessieren, lange bevor die Poster und Starschnitte englischer und amerikanischer Popbands mit langen Haaren und schrillen Outfits mein Zimmer schmückten und meine Eltern am guten Geschmack ihres Sohnes zweifeln ließen, kannte ich ihn. Und das, ohne ihm jemals begegnet zu sein. Aber Heino war da, war immer wieder präsent auf dem Bildschirm, in Zeitungen und Zeitschriften und natürlich mit seinen Liedern im Radio. Heino konnte man einfach nicht ignorieren. Unter Tausenden von Stimmen erkannte ich diesen markanten Bariton und konnte Heinos Lieder meist auswendig mitsingen. Denn es waren oft die gleichen Lieder, die ich als Pfadfinder zur Gitarre am Lagerfeuer gesungen hatte. Alte Volks- und Fahrtenlieder, traditionsreiches überliefertes Liedgut aus vielen Jahrhunderten mit Blick in die deutsche Seele, in der auch immer die Sehnsucht nach Heimat mitschwang, nach einem unbelasteten Heimatbegriff inmitten einer Gesellschaft, die sich wenige Jahrzehnte zuvor an diesem Wert vergangen hatte und sich bis heute mit der Balance ihrer Geschichte schwer tut.

Doch Heino ist längst mehr als ein Sänger, er ist ein nationales Gesamtkunstwerk, das eine ungeahnte Popularität erreicht hat, die in der deutschen Musikgeschichte, wenn nicht sogar in der gesamten Historie der Bundesrepublik, bis heute einmalig ist.

Schlagerstar, Musiker, Politiker und Prominenter lässt sich optisch auf zwei Merkmale reduzieren und ist dabei für jedes Kind eindeutig erkennbar. Heino ist es! Nur ein einziger Landsmann, der in Würden ergraute Karl Lagerfeld, ist ihm mit Pferdeschwanz und schwarzer Brille in dieser unzweifelhaften optischen Popularität ebenbürtig. Zwei Männer, die beide rund 50 Jahre erfolgreich im Business sind, deren Biografie nicht unterschiedlicher sein könnte und die vielleicht nur die schwarze Sonnenbrille gemeinsam haben, erreichten jeweils in ihrem Genre einen Bekanntheitsgrad, von dem die meisten Prominenten heute nur noch träumen können. Der gebürtige Hamburger Karl Lagerfeld avancierte zu „Karl dem Großen" und damit zur Ikone der französischen Modeindustrie. Allein das ist ein Phänomen. Und Heino? Er ist längst Kult und Marke zugleich. Heino ist kein Kind des Zeitgeistes oder der Mode, sondern seit einem halben Jahrhundert eine verlässliche und konstante Größe in der heimischen Musikszene, ein gutes Stück deutscher Wertarbeit. Auch das ist ein Phänomen und hätte Heino in Frankreich Karriere gemacht, hätte ihn die „Grande Nation" wahrscheinlich längst mit dem Ehrentitel „Der Große" ausgezeichnet.

Heinos Kindheit und Jugend ist ein Spiegelbild seiner Generation, eine typisch deutsche Lebensgeschichte, wie sie der Krieg hervorgebracht hat. Der Vater fällt 1941, als Heino drei Jahre alt ist. Zusammen mit seiner Mutter Franziska und seiner Schwester Hannelore wird Heino nach Pommern evakuiert, um den Bombenangriffen auf das Rhein-Ruhr-Gebiet zu entgehen. Erst nach Kriegsende kehrt die kleine Familie nach Düsseldorf-Oberbilk zurück. Es sind bescheidene Verhältnisse, in denen Heino

HEINO

THE

aufwächst, die ersten Nachkriegsjahre sind von Entbehrungen geprägt. Butter statt Rübenkraut auf dem Brot gab es nur am Sonntag, die Graupensuppe war ein Festessen und eine Scheibe Weißbrot wurde wie ein seltenes Stück Sahnetorte gehandelt. Hunger war für Heinos Generation kein Fremdwort, sondern erlebte Realität. Das mag heute wie aus einem schlechten Film klingen, doch gerade die an Materiellem entbehrungsreichen Kindertage waren für Heino prägende Momente, die andere Werte entstehen ließen. Wer ihm begegnet, spürt seine angenehm unaufgeregte Bescheidenheit, seine ungekünstelte Freundlichkeit ohne jegliche Allüren und seine gelebte Normalität, die man bei einem Prominenten nicht immer erwarten darf. Seinen musikalischen Erfolg, immerhin mehr als 50 Millionen verkaufte Schallplatten, trägt er mit einer einnehmenden Gelassenheit, der gebürtige Düsseldorfer ist kein Mensch der lauten Töne. Nur auf der Bühne, wenn er in seinem Element ist und seinem Publikum zeigt und es erleben lässt, dass Musik sein Leben ist, erhebt sich die sonore Stimme zum Instrument und gibt seinen Liedern diesen unverkennbaren Heino-Sound.

Heino wollte immer singen, das war seit Kindertagen seine Leidenschaft und ist es bis heute geblieben. Doch er wäre kein Kind seiner Zeit, hätte die Mutter nicht von ihrem Sohn erwartet, erst einmal etwas „Solides“ zu lernen, bevor man sich in das unbekannte und vor allem unberechenbare Show-Business begibt. Und was lag da näher, als eine Bäcker- und Konditorlehre zu beginnen, schließlich nagen Bäcker und Konditoren nur selten am sprichwörtlichen Hungertuch. Die Lehre war kein Zuckerschlecken, morgens um vier ging der Zwölfstundentag in der Backstube los, ab fünf Uhr wurden mit dem Fahrrad die frischen Brötchen ausgefahren. Bei jedem Wind und Wetter. Heino hielt durch, beendete seine Lehre und bekam von Bäckermeister Voss bestätigt, sich „in allen vorkommenden Arbeiten der Brot-, Weiß- und Feinbäckerei fleißig bewährt zu haben". Doch Theodor Voss erkannte auch das musikalische Talent seines Lehrlings und riet ihm, lieber Musik zu machen, als sein Leben zwischen Mehlsäcken und Teigtrögen zu verbringen.

Heinos erster öffentlicher Auftritt vor rund 2000 Menschen beim „Oberbilker Heimatabend" war Mitte der 1950er Jahre die Initialzündung für eine erstaunliche Karriere, die ihn zur bekanntesten deutschen Stimme machte. Und es war nicht nur die sogenannte „ältere Generation", die auf seine Konzerte ging, seine Platten kaufte und seine Lieder mitsingen konnte. Heino lässt sich nicht auf eine Altersgruppe reduzieren, wie er heute eindrucksvoll beweist. Mit seiner aktuellen CD „Mit freundlichen Grüßen" mischt er ungeniert die deutsche Pop- und Rockszene auf, legt eine unverschämt gute Bühnenshow hin und zeigt das, was er in Wirklichkeit ist. Ein musikalische Phänomen mit Überraschungseffekt und Beständigkeitsgarantie.

Und übrigens: auch sein Bäcker- und Konditorenhandwerk hat er nicht verlernt. Probieren Sie es aus und genießen Sie Heinos „süße Grüße".

Ingo Swoboda
(Chefredaktion)

Heino

Rezeptbücher

HEINO ROCKT
Veizenpuder

DIE HASELNUSSTORTE

250 g Butter + 300 g Zucker + 2 Päckchen Vanillezucker + 1 Prise Salz + 5 Eier
200 g Mehl + 2 TL Backpulver + 60 g Bitterschokolade + 140 g gemahlene Haselnüsse
140 g gehackte Haselnüsse + Butter und Mehl für die Form

Zum Garnieren: 100 g dunkle Kuvertüre oder Schokoladenglasur + ganze Haselnüsse

Den Backofen auf 180 °C Umluft vorheizen.

Die Butter mit Zucker, Vanillezucker und Salz schaumig rühren. Die Eier nach und nach unterrühren. Das Mehl mit dem Backpulver mischen. Die Bitterschokolade in kleine Stücke hacken, mit den Haselnüssen zum Mehl geben und alles gut durchmischen. Anschließend das Gemisch mit einem Löffel unter die Buttermasse rühren.

Eine Springform (Ø 26 cm) einfetten und dünn mit Mehl bestäuben. Den Teig in die Form füllen und gleichmäßig verteilen. Im Backofen 35–40 Minuten backen.

Die Torte nach dem Backen aus der Form heben und abkühlen lassen. Die Kuvertüre im Wasserbad bei geringer Hitze schmelzen lassen, die Torte damit übergießen und mit Haselnüssen dekorieren.

HEINO to go! Der Klassiker kann direkt nach Hause geliefert werden. Wie das geht, steht auf Seite 141.

DEUTSCHLAND
DEUTSCHLAND

Heino

NUSS-MANDEL-KUCHEN

180 g Butter + 120 g Zucker + 1 Päckchen Vanillezucker + 1 TL Zimt + 1 Prise Nelkenpulver
2 Eier + 80 g gehackte Haselnüsse + 80 g gehackte Mandeln + 135 g Mehl
1 TL Backpulver + 100 g Sahne + 1 EL Weinbrand

Außerdem: Fett für die Form

Den Backofen auf 175 °C Ober-/Unterhitze vorheizen.

Die weiche Butter mit Zucker, Vanillezucker, den Gewürzen und Eiern schaumig rühren. Nüsse und Mandeln unterheben. Das Mehl mit dem Backpulver mischen und abwechselnd mit der Sahne in den Teig einrühren. Zuletzt den Weinbrand dazugeben und unterrühren.

Eine Kastenform (24–26 cm) einfetten. Den Teig in die Form füllen und im Backofen 40–50 Minuten backen.

KAFFEEHAUS-GUGELHUPF

220 g Butter + 120 g Puderzucker + 45 g Stärkemehl + 1 Päckchen Vanillezucker
1 Prise Salz + abgeriebene Schale von ½ unbehandelten Zitrone + 2 EL Weinbrand
5 Eigelb + 220 g Mehl + 1 Päckchen Backpulver + 125 ml Milch oder Sahne + 5 Eiweiß
100 g Zucker + 60 g Rosinen, über Nacht in Weinbrand eingelegt

Außerdem: Fett und Mehl für die Form + Puderzucker zum Bestäuben

Den Backofen auf 170 °C Umluft vorheizen.

Die weiche Butter mit Puderzucker, Stärke, Vanillezucker, Salz, Zitronenschale und Weinbrand flaumig rühren (= Abtrieb). Die Eigelbe nach und nach einrühren. Das Mehl mit dem Backpulver mischen und in eine Schüssel sieben. Die Hälfte des Mehlgemischs mit der Milch oder Sahne zum Abtrieb rühren.

Die Rosinen mit Küchenpapier trocken tupfen und in Mehl wenden. Die Eiweiße mit dem Zucker steif schlagen und mit dem restlichen Mehl abwechselnd unter den Teig heben. Die Rosinen vorsichtig untermengen.

Eine Gugelhupfform (Ø 22 cm) einfetten und mit Mehl bestäuben. Die Masse in die Form füllen und im Backofen etwa 1 Stunde backen.

Den Gugelhupf nach dem Backen auf ein Kuchengitter stürzen, etwas auskühlen lassen und nach Belieben mit Puderzucker bestäuben.

Heino

HIER
IST
DIE
SONNE

SONNIGER BIENENSTICH

Für den Hefeteig: 250 g Mehl + 30 g Zucker + 1 Prise Salz + 125 ml Buttermilch 20 g frische Hefe + 30 g Butter + 1 Ei

Für den Belag: 100 g Zucker + 50 g Honig + 100 g Butter + 50 g Flüssigzucker 120 g gehobelte Mandeln + 250 g Vanillepudding + 250 g Sahne

Mehl, Zucker und Salz in eine Rührschüssel geben und vermengen. Die Buttermilch leicht erwärmen und die Hefe darin auflösen. Die Butter zerlassen. Die Hefemilch zum Mehlgemisch geben und alles gut verrühren. Die flüssige Butter und das Ei zufügen und mit Knethaken zu einem glatten Teig verarbeiten. Zugedeckt etwa 20 Minuten an einem warmen Ort gehen lassen.

Hefeteig etwas ausrollen und eine Springform (Ø 26 cm) damit belegen. Zucker, Honig, Butter und Flüssigzucker auf ca. 90 °C erhitzen. Die Mandeln vorsichtig unterziehen. Anschließend die Masse gleichmäßig auf den Hefeteig streichen und den Teig weitere 15 Minuten ruhen lassen.

Den Backofen auf 180 °C Ober- und Unterhitze vorheizen. Kuchen ca. 25–30 Minuten backen.

Nach dem Backen den Kuchen abkühlen lassen und anschließend quer durchschneiden.

Die halbe Menge Vanillepudding wie im Erdbeerkuchen-Rezept (Seite 86) zubereiten. Die Sahne schlagen. Pudding und Sahne vorsichtig miteinander vermengen und gleichmäßig auf der unteren Teighälfte verteilen.

Die obere Kuchenhälfte in 10 oder 12 Kuchenstücke schneiden und vorsichtig auf den Sahneboden setzen.

LINZER TORTE

300 g Butter + 280 g Zucker + 1 Ei + 300 g Mehl + 300 g ungeschälte, gemahlene Mandeln + 2 EL Kakaopulver zum Backen + 1 TL Zimt + 20 ml Kirschwasser oder Rum
1 großes Glas Pflaumenmus (450 g) oder Himbeerkonfitüre

Außerdem : Eigelb zum Bestreichen + Fett für die Form

Die Butter leicht anwärmen und mit dem Ei und dem Zucker schaumig rühren. Das Mehl mit den Mandeln und den Gewürzen gut vermischen. Mit dem Kirschwasser zur Buttermasse geben und zu einem glatten Teig verarbeiten. In Frischhaltefolie wickeln und über Nacht im Kühlschrank ruhen lassen.

Den Backofen auf 160 °C Umluft vorheizen. Eine Springform (Ø 26 cm) einfetten.

Zwei Drittel des Teigs ausrollen. Boden und Rand (2 cm hoch) der Springform damit auslegen. Den Teigboden großzügig mit Pflaumenmus oder Marmelade bestreichen. Den restlichen Teig dünn ausrollen und mit einem Teigrädchen in 1 cm breite Streifen schneiden. Die Teigstreifen gitterförmig auf den Kuchen legen. Das Eigelb verquirlen und die Teigstreifen damit bestreichen.

Den Kuchen im Backofen auf der zweiten Schiene von unten 1 Stunde backen.

DIY

An verschiedenen Stellen in diesem Buch (S. 31, 51, 65, 99 und 135) gibt es Do It Yourself-Seiten für die perfekte Kuchendekoration. Mit Heino-Logo, sonnigen Grüßen und bunten Sternen wird jeder Kuchen zu einer Hommage an Heino.

Für die Deko einfach jeweils die Vorder- und Rückseite farbig auf festes Papier kopieren und die Motive ausschneiden, dabei etwas weißen Rand zum Motiv lassen. Mutige schneiden direkt aus dem Buch aus, haben dann allerdings nur einmal das Bastelvergnügen.

Die Deko-Motive auf Holzspießen befestigen und in den Kuchen stecken. Freunde einladen, Sonnenbrillen aufsetzen und die Heino-Party kann steigen!

DIY

Motive mit etwas Abstand ausschneiden, auf einem Holzspieß befestigen und in den fertigen Kuchen stecken.

KÄSEKUCHEN

Für den Mürbeteig: 100 g Butter + 3 EL Zucker + 1 Ei + 180 g Mehl + 1 TL Backpulver

Für die Füllung: 150 g Butter + 2 Eier + 180 g Zucker + 1 Päckchen Vanillezucker
500 g Quark + 1 Päckchen Vanillepuddingpulver + abgeriebene Schale von
½ unbehandelten Zitrone + 500 ml Buttermilch

Außerdem: Fett für die Form

Das Mehl mit dem Backpulver vermischen und mit den restlichen Zutaten zu einem Mürbeteig verarbeiten. 30 Minuten kalt stellen. Den Backofen auf 180 °C Ober-/Unterhitze vorheizen.

Die Butter mit Eiern, Zucker und Vanillezucker cremig rühren. Den Quark mit dem Puddingpulver und der Zitronenschale dazugeben und gut verrühren. Zum Schluss die Buttermilch unterrühren.

Eine Springform (Ø 26 cm) einfetten. Den Mürbeteig ausrollen und in die Form drücken. Die Quarkfüllung auf den Teig geben. Den Kuchen im Backofen 55–60 Minuten backen.

Oh, du schöner
Westerwald

KARAMBA, KARACHO
EIN WHISKY-GUGELHUPF

150 g Butter + 350 g Zucker + 100 ml Sonnenblumenöl + 1 Tasse gekochter starker Kaffee
5 Eier + 100 ml Whisky + 300 g Mehl + 5 g Backpulver + 1 TL Kakaopulver zum Backen
50 g geröstete gemahlene Haselnüsse

Außerdem: Fett und Mehl für die Form

Den Backofen auf 180 °C Umluft vorheizen.

Die Butter geschmeidig rühren. Nacheinander Zucker, Öl, Kaffee, Whisky und Eier dazugeben und sorgfältig verrühren. Das Mehl mit dem Backpulver mischen und einrühren. Zum Schluss den Kakao und die Nüsse unterrühren.

Eine Gugelhupfform (Ø 22 cm) einfetten und mit Mehl bestäuben. Den Teig in die Form füllen und glatt streichen. Den Kuchen im Backofen 1 Stunde backen.

Nach dem Backen 10 Minuten in der Form abkühlen lassen, dann auf ein Kuchengitter stürzen und vollständig erkalten lassen.

APRIKOSEN-STREUSELKUCHEN

800 g frische Aprikosen (alternativ aus der Dose)

Für den Teig: 4 Eier + 130 g Zucker + 1 Päckchen Vanillezucker + 250 g saure Sahne
240 g Mehl + 5 g Backpulver + 25 g Speisestärke + abgeriebene Schale von
½ unbehandelten Zitrone

Für die Streusel: 100 g Mehl + 50 g Butter + 2 Päckchen Vanillezucker

Den Backofen auf 170 °C Umluft vorheizen. Die Aprikosen waschen, halbieren und entsteinen.

Die Eier trennen. Das Eiweiß zu Schnee schlagen.

Die Eigelbe mit Zucker und Vanillezucker cremig rühren. Die saure Sahne unterziehen. Das Mehl mit Backpulver mischen und mit Stärke und Zitronenschale in die Eimasse rühren. Zuletzt den Eischnee unterheben.

Eine Springform (Ø 22 cm) einfetten. Den Teig in die Springform füllen und mit den Aprikosenhälften dachziegelartig belegen. Im Backofen 15 Minuten backen.

Währenddessen das Mehl mit Butter, Vanillezucker und Zitronenschale zu Streuseln verkneten. Die Streusel über die Aprikosen geben und den Kuchen weitere 15 Minuten backen.

WE ♡ HEINO

Heino
HEINOS
MUFFINS

VANILLEMUFFINS

150 g Mehl + 70 g Speisestärke + 20 g Backpulver + 150 g Zucker
2 Päckchen Vanillezucker + 200 g saure Sahne + 100 g Butter + 1 Prise Salz
2 Päckchen Vanillepuddingpulver + 2 Eier

Außerdem: Fett oder 12 Papierförmchen für die Form

Den Backofen auf 180 °C Ober-/Unterhitze vorheizen.

Das Mehl in eine Rührschüssel sieben, die restlichen Zutaten dazugeben und alles zu einem glatten Teig vermengen. Dazu den Teig mindestens 2 Minuten auf der höchste Stufe des Rührgerätes rühren, bis er geschmeidig ist.

Eine Muffinform (für 12 Muffins) einfetten oder mit Papierförmchen auslegen. Jeweils 2 EL Teig in ein Förmchen geben. Die Muffins auf der mittleren Schiene im Backofen 15–20 Minuten backen, bis sie goldbraun sind.

Nach dem Backen abkühlen lassen und aus der Form lösen.

SCHOKOLADENMUFFINS

70 g Butter + 200 g Zucker + 1 TL Vanillezucker + 1 Ei + 210 ml Milch + 300 g Mehl + 15 g Backpulver + 1 Prise Salz + 80 g ungesüßtes Kakaopulver + 75 g Raspelschokolade

Außerdem: Fett oder 12 Papierförmchen für die Form

Den Backofen auf 180 °C Ober-/Unterhitze vorheizen.

Die Butter weich werden lassen und in einer Rührschüssel mit Zucker, Vanillezucker und Ei verquirlen. Die Milch dazugeben und unterrühren. In einer anderen Schüssel Mehl, Backpulver, Salz, Kakao und Schokolade miteinander vermischen. Anschließend das Gemisch zur Buttermasse geben und gut verrühren.

Eine Muffinform (für 12 Muffins) einfetten oder mit Papierförmchen auslegen. Den Teig gleichmäßig auf die Förmchen verteilen. Die Muffins im Backofen 20–25 Minuten backen.

Nach dem Backen kurz abkühlen lassen und aus der Form nehmen.

AMORE MIO

Für den Teig: 6 Eier + 200 g Zucker + 10 g Vanillezucker + 200 g Butter + 200 ml Amaretto 250 g Apfelmus + abgeriebene Schale von 1 unbehandelten Orange + 450 g Mehl 10 g Backpulver + 125 g Amarettini

Für den Guss: 120 g Puderzucker + 2 EL Amaretto + geröstete Mandelblättchen

Außerdem: Fett für die Form

Den Backofen auf 175 °C Ober-/Unterhitze vorheizen.

Die Eier mit dem Zucker und Vanillezucker schaumig rühren. Die weiche Butter dazugeben und unterrühren. Amaretto, Apfelmus und Orangenschale nacheinander einrühren. Das Mehl mit dem Backpulver mischen und ebenfalls einrühren. Zum Schluss die Amarettini vorsichtig unterheben.

Eine Springform (Ø 26 cm) einfetten. Den Teig einfüllen und im Backofen 50 Minuten backen. Mit Alufolie abdecken und weitere 20 Minuten backen.

Nach dem Abkühlen den Kuchen mit Puderzucker bestreuen oder mit einem Zuckerguss überziehen. Dazu Puderzucker mit Amaretto zu einer dickflüssigen Masse verrühren und auf dem Kuchen verteilen. Mit gerösteten Mandelblättchen rundum bestreuen.

CAKE-POPS

Biskuitreste oder Rührkuchenteig, z. B. die Reste vom Gugelhupf (S. 78), vom Nuss-Mandel-Kuchen (S. 23) oder Biskuitteig vom Erdbeerkuchen (S. 86)
Lollistiele oder Schaschlikspieße

Für die Buttercreme: 60 g Butter (Raumtemperatur) + 1 TL flüssiges Vanilleextrakt
120 g Puderzucker + 1 EL Milch

Zum Verzieren: bunte Fondantplatte + weiße, Vollmilch- oder Zartbitterschokolade
Zuckerstreusel + Liebesperlen + Marzipan

Vom Biskuitteig oder Rührkuchen die Kruste rundherum abschneiden und den Kuchen vorsichtig zerbröseln, bis keine größeren Stücke mehr vorhanden sind.

Butter und Vanilleextrakt in einer Schüssel cremig rühren. Puderzucker sieben und nach und nach einrühren. Die Milch dazugeben und noch einmal gut vermischen. Alternativ Konfitüre statt Buttercreme verwenden.

Anschließend die Kuchenbrösel mit Buttercreme oder Konfitüre vermengen und durchkneten. Damit man die Kugeln gut formen kann, sollte die Masse relativ feucht sein. Aus der Masse golfballgroße Kugeln rollen und 15 Minuten kalt stellen.

Nach dem Erkalten je eine Kugel auf einen Lollistiel oder Schaschlikspieß setzen. Schokolade über dem Wasserbad erhitzen und Cake Pop bis über den Stielansatz in Schokoladenglasur tauchen oder mit Fondant überziehen. Mit Streuseln, Perlen oder Marzipan verzieren.

Zum Abkühlen in Gläser stellen oder in einen Styroporblock stecken.

Heino

DIY

Motive mit etwas Abstand ausschneiden, auf einem Holzspieß befestigen und in den fertigen Kuchen stecken.

Heino
Heino
Heino
Heino
Heino
Heino
Heino
Heino
Heino

Heino
Rezeptbücher

BAILEYS-GUGELHUPF

150 g Butter + 150 g Zucker + 1 Päckchen Vanillezucker + 2 Eier + 170 g Mehl
½ TL Backpulver + 100 ml Baileys Irish Cream + 2 EL Haselnusskrokant
1 EL Kakaopulver zum Backen

Außerdem: Fett und Semmelbrösel für die Form

Den Backofen auf 175 °C Ober-/Unterhitze vorheizen.

Die weiche Butter geschmeidig rühren. Nach und nach Zucker und Vanillezucker zugeben. Die Eier einzeln unterrühren. Das Mehl mit dem Backpulver mischen, sieben und abwechselnd mit dem Baileys in die Masse einrühren. Zum Schluss den Krokant und den Kakao einrühren.

Eine Gugelhupfform (Ø 22 cm) einfetten und mit Semmelbröseln ausstreuen. Den Teig in die Form füllen und im unteren Drittel des Backofens 45 Minuten backen. Eine Stäbchenprobe machen und gegebenenfalls länger backen.

Nach dem Backen 10–15 Minuten abkühlen lassen und auf ein Kuchengitter stürzen.

BLAUE HEIDE

400 g Heidelbeeren aus dem Glas + 270 g Butter + 240 g Zucker
1 Päckchen Vanillezucker + 1 Prise Salz + 4 Eier + 400 g Mehl
1 Päckchen Backpulver + 100 g gemahlene Haselnüsse

Außerdem: Fett für die Form

Zum Bestreichen: 125 g Puderzucker

Die Heidelbeeren in ein Sieb schütten und gut abtropfen lassen, den Saft auffangen. Den Backofen auf 180 °C Ober-/Unterhitze vorheizen.

Die Butter geschmeidig rühren. Zucker, Vanillezucker und Salz dazugeben und untermengen. Die Eier nach und nach unterrühren. Das Mehl mit dem Backpulver mischen, sieben und nach und nach dazugeben.

Von den Heidelbeeren 2 EL beiseitestellen, den Rest unter den Teig heben. Zum Schluss die Haselnüsse unterziehen.

Eine Springform (Ø 26 cm) einfetten. Den Teig in die Form füllen und den Kuchen 1 Stunde backen. Nach dem Backen gut auskühlen lassen.

Die übrig gebliebenen Heidelbeeren mit 3 EL Heidelbeersaft pürieren und durch ein Sieb streichen. Den Puderzucker sieben und mit dem Heidelbeerpüree vermischen. Den Kuchen damit bestreichen. Nach Belieben mit Puderzucker bestreuen.

B L A U
B L A U

Heino

BROWNIES

100 g Walnüsse + 250 g dunkle Kuvertüre (70 %) + 250 g Butter
300 g Zucker + 6 Eier + 40 g Mehl

Außerdem: Fett für das Blech

Den Backofen auf 180 °C Ober-/Unterhitze vorheizen.

Die Kuvertüre über dem Wasserbad schmelzen lassen, mit der weichen Butter leicht aufschlagen. Nach und nach Eier und Zucker dazugeben. Zum Schluss das Mehl unterheben.

Ein Backblech oder kleine Backförmchen einfetten oder mit Backpapier auslegen. Die Masse ca. 5 cm dick darauf verteilen und im Backofen ca. 30 Minuten backen. Die Stäbchenprobe machen. Brownies nach dem Backen 10 Minuten auf dem Blech erkalten lassen.

Variante mit Biss: 100 g grob gehackte Walnüsse vorsichtig in den Teig rühren.

GEDECKTER APFELKUCHEN

Für den Mürbeteig: 360 g Mehl + 2 TL Backpulver + 150 g Zucker
1 Päckchen Vanillezucker + 200 g Butter + 2 Eier + 2 cl Kirschwasser

Außerdem: Fett für die Form + Mehl für die Arbeitsfläche

Für die Füllung: 1 kg säuerliche Äpfel (z. B. Boskop) + 50 g Zucker
50 g Rosinen (nach Belieben) + 1 Prise Zimt + Puderzucker zum Bestäuben

Den Backofen auf 160 °C Umluft vorheizen. Eine Springform (Ø 26 cm) einfetten.

Das Mehl mit dem Backpulver vermischen und mit den restlichen Zutaten zu einem geschmeidigen Teig verarbeiten.

Mehl auf die Arbeitsfläche geben und zwei Drittel des Teigs ausrollen. Boden und Rand der Springform mit dem Teig auslegen. Den Teigboden mit einer Gabel mehrmals einstechen und 15 Minuten vorbacken.

In der Zwischenzeit die Äpfel schälen, entkernen und in Scheiben schneiden. Mit Zucker, Rosinen, Zimt und 2 EL Wasser kurz andünsten.

Den restlichen Teig zu einem Deckel ausrollen und mehrmals einstechen. Die Äpfel auf den vorgebackenen Boden füllen. Den Deckel auf die Füllung legen, die Ränder dabei vorsichtig andrücken.

Den Kuchen weitere 30–35 Minuten backen. Nach dem Backen auskühlen lassen und mit Puderzucker bestreuen.

BUTTERKUCHEN

Für den Hefeteig: 500 g Mehl + 1 Prise Salz + 100 g Zucker + 250 ml Buttermilch
40 g frische Hefe + 75 g Butter + 1 Ei

Für den Belag: 125 g Butter + 200 g Doppelrahm-Quark + 125 g Zucker
180 g gehobelte Mandeln

Außerdem: Mehl für die Arbeitsfläche + Fett für das Blech

Mehl, Zucker und Salz in eine Rührschüssel geben und vermengen. Die Buttermilch leicht erwärmen und die Hefe darin auflösen. Die Butter zerlassen. Die Hefemilch zum Mehlgemisch geben und alles gut verrühren. Die flüssige Butter und das Ei zufügen und mit Knethaken zu einem glatten Teig verarbeiten. Zugedeckt etwa 20 Minuten an einem warmen Ort gehen lassen.

Den Backofen auf 200 °C Ober-/Unterhitze vorheizen. Ein Backblech einfetten oder mit Backpapier auslegen. Etwas Mehl auf die Arbeitsfläche geben und den Teig darauf ausrollen. Auf das Backblech heben und weitere 20 Minuten gehen lassen.

Für den Belag die Butter zerlassen und mit Quark und Zucker verrühren. Kleine Vertiefungen in den Teig drücken und den Quarkguss darin verteilen. Mit den gehobelten Mandeln bestreuen.

Den Kuchen im Backofen auf der mittleren Schiene 20–25 Minuten backen.

Mit
freundlichen
Grüßen
SIXT

DIY

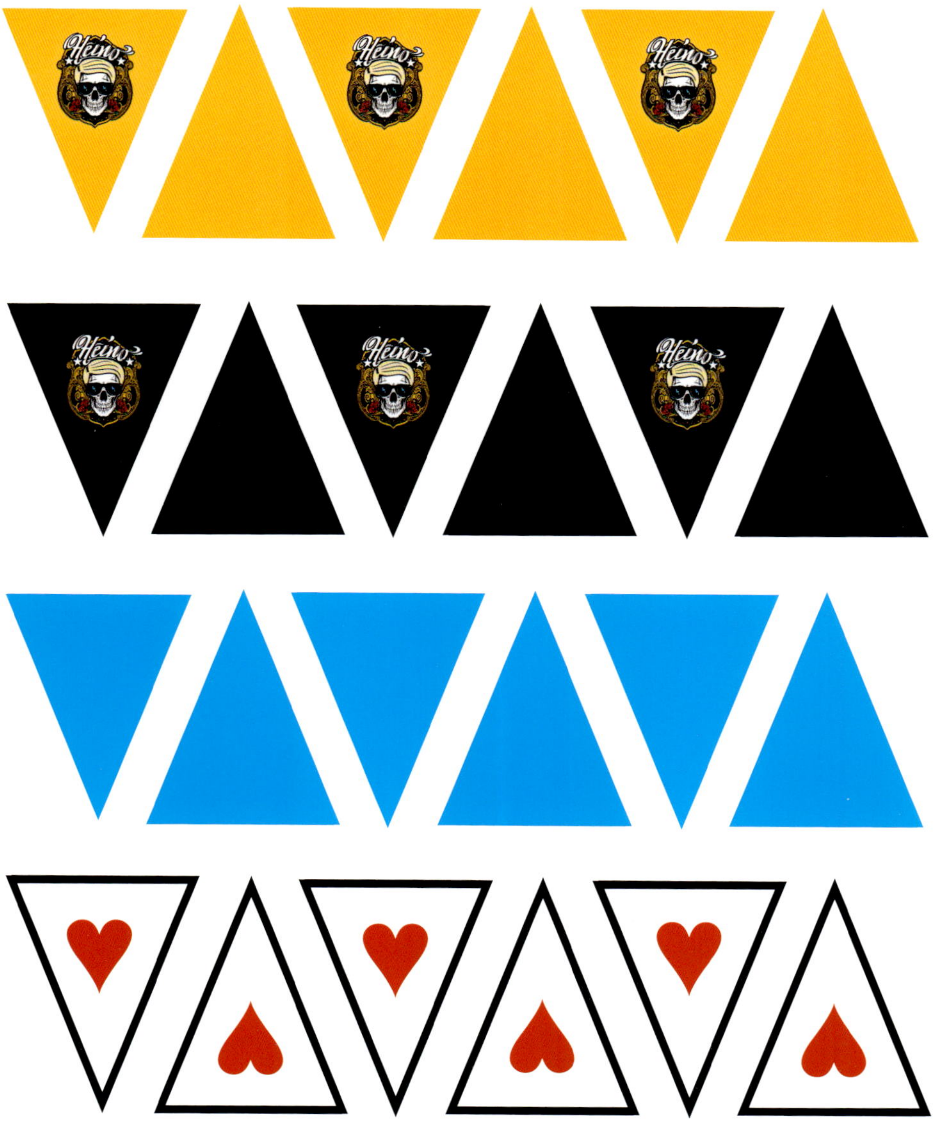

Wimpel mit etwas Abstand ausschneiden, vor allem an der Oberkante Platz zum Umknicken lassen. Auf eine Schnur fädeln, dazu den oberen Rand umknicken und befestigen und aufhängen. Alternativ Schnur und Wimpel mit Masking Tape – buntem Klebeband – und doppelseitigem Klebeband direkt an der Wand befestigen.

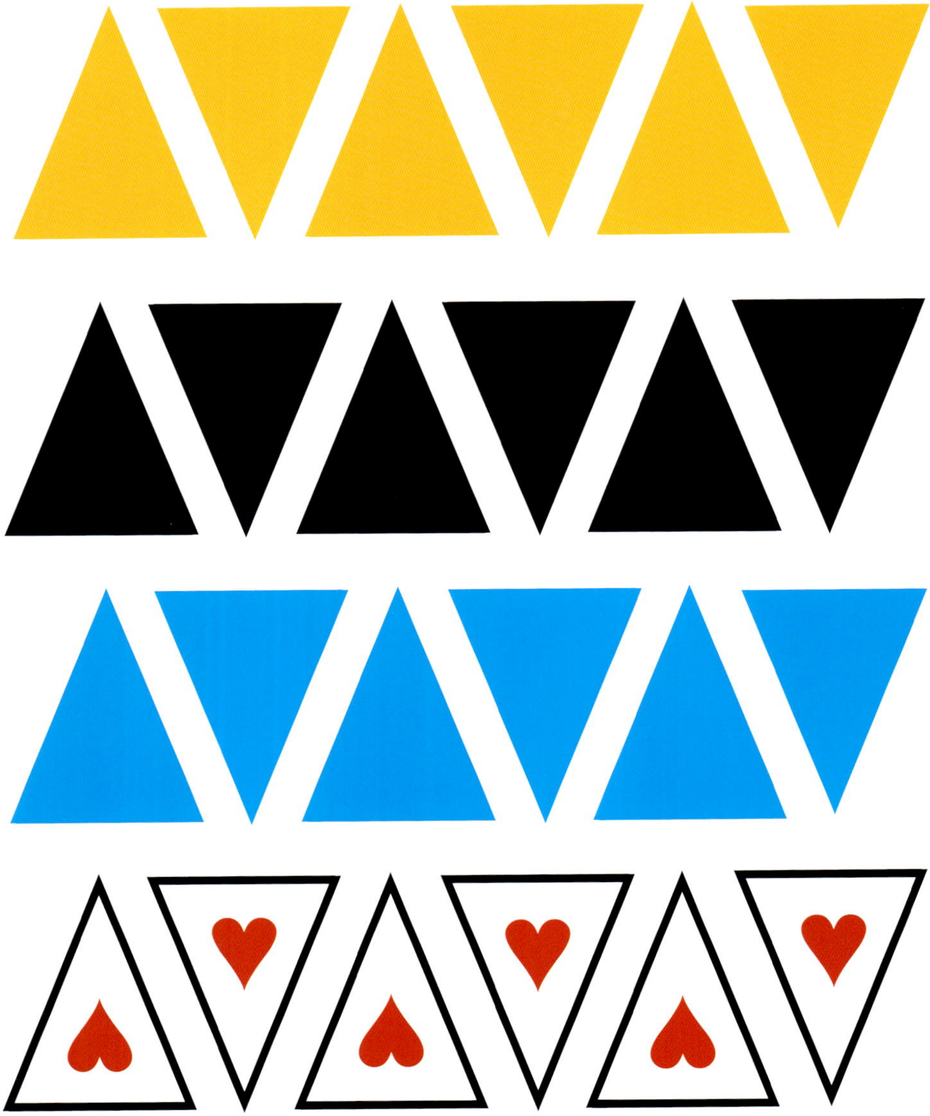

Heino
HEINO ROCKT
DEUTSCHLAND

HEINO
FOREVER!

BIRNE & ZIMT

**Für den Hefeteig: 500 g Mehl + 40 g frische Hefe + 75 ml Milch
100 g Zucker + 2 EL Butter**

**Für den Belag: 8 mittelgroße Birnen + 4 EL Zitronensaft + 100 g Butter + 180 g Zucker
150 g Sahne + 2 TL Zimt + 100 g gehobelte Mandeln**

Außerdem: Fett und Mehl für die Form

Das Mehl in eine Rührschüssel sieben und in die Mitte eine Mulde drücken. Die Milch leicht erwärmen, 4 TL davon abnehmen und die Hefe mit 1 TL Zucker darin auflösen. Die Hefemilch in die Mulde gießen, mit etwas Mehl bedecken und zugedeckt an einem warmen Ort 20 Minuten gehen lassen.

Danach die übrige Milch sowie die restlichen Zutaten und 75 ml lauwarmes Wasser hinzufügen und alles zu einem glatten Teig verarbeiten. Weitere 30 Minuten gehen lassen. In der Zwischenzeit die Birnen schälen, entkernen, in dünne Scheiben schneiden und mit dem Zitronensaft beträufeln.

Den Backofen auf 180 °C Ober-/Unterhitze vorheizen.

Für den Belag die Butter in einem Topf zerlassen und mit Zucker, Sahne und Zimt verrühren.

Eine Springform (Ø 26 cm) einfetten und mit Mehl bestäuben. Den Hefeteig noch einmal durchkneten und die Form damit auslegen. Die Birnen darauf verteilen, dabei leicht in den Teig drücken, und mit der Zimtsahne übergießen. Den Kuchen mit den Mandeln bestreuen und im Backofen auf der zweiten Schiene von unten 30–35 Minuten backen.

SCHOKOLADEN-MOUSSE-TORTE

1 Ei + 1 Eigelb + 50 g Zucker + 450 g dunkle Kuvertüre (70 %)
280 g Sahne + 1 Blatt Gelatine + 1 l Sahne (33 %)

Ein Schokoladen-Biskuitteig wie im Erdbeerkuchen-Rezept (S. 86).

Zum Verzieren: Schokoladenhobel

Die Kuvertüre bei ca. 35 °C im Wasserbad auflösen. Eier und Zucker im Wasserbad warm aufschlagen. Sahne ebenfalls erwärmen, bis sie lauwarm ist, mit der geschmolzenen Kuvertüre verrühren und leicht aufschlagen.

Gelatine nach Packungsanweisung zubereiten. Die Eier-Zucker-Masse sowie die Gelatine unter die Sahne heben. Eine Springform (Ø 26 cm) mit Schokoladenbiskuitboden auslegen und mit der Mousse befüllen und 24 Stunden kalt stellen.

SCHENK MIR
DEIN

NUSSECKEN

Für den Boden: 200 g Butter + 240 g Zucker + 6 Eigelb + 280 g Mehl
2 TL Backpulver + Fett für das Blech

Für den Belag: 9 Eiweiß + 300 g Zucker + 200 g gemahlene Haselnüsse
150 g geröstete ganze Haselnüsse, gehackt

Zum Verzieren: 100 g dunkle Kuvertüre (alternativ 80 g Zartbitterschokolade)

Die Butter schaumig rühren, den Zucker einrieseln lassen, die Eigelbe unterrühren. Das Mehl mit Backpulver vermischen und unterheben. Ein Kuchenblech einfetten oder mit Backpapier auslegen. Den Teig auf das Blech streichen.

Für den Belag die Eiweiße zu Schnee schlagen, dabei den Zucker nach und nach einrieseln lassen. Zum Schluss die gemahlenen und die gehackten und gerösteten Haselnüsse unterheben. Die Nussmasse auf dem Teigboden verteilen. Die Nussecken bei 170 °C Ober-/Unterhitze 25 Minuten backen.

Noch heiß in Dreiecke schneiden und auskühlen lassen.

Die Kuvertüre zerkleinern und im Wasserbad bei geringer Hitze schmelzen lassen. Jeweils zwei Spitzen der Nussecken in die Schokolade tauchen und nochmals auskühlen lassen.

MOHN & KIRSCH

**1 Glas Sauerkirschen (ca. 700 g) + 3 Eier + 100 g Zucker + 200 ml Sonnenblumenöl
200 g Mehl + 10 g Backpulver + 200 g Hartweizengrieß + 200 ml Milch
1 Päckchen Mohnback + frische Kirschen nach Belieben zum Garnieren**

Außerdem: Fett für die Form

Für die Glasur: 100 g dunkle Kuvertüre

Die Sauerkirschen in ein Sieb schütten und gut abtropfen lassen. Den Backofen auf 175 °C Ober-/Unterhitze vorheizen.

Die Eier mit dem Zucker und dem Öl schaumig rühren. Das Mehl mit dem Backpulver vermischen und unterrühren. Den Grieß und die Milch dazugeben und gut verrühren. Zum Schluss den Mohnback untermischen.

Eine Springform (Ø 26 cm) einfetten. Den Teig hineinfüllen, die Kirschen darauf verteilen und vorsichtig in den Teig rühren. Den Kuchen im Backofen 60–70 Minuten backen.

Nach dem Backen den Kuchen auskühlen lassen und aus der Form nehmen. Die Kuvertüre im Wasserbad bei geringer Hitze schmelzen lassen und den Kuchen damit überziehen. Nach Belieben mit frischen Kirschen garnieren.

Heino

CUPCAKES

60 ml Milch + 120 g Butter + 3 Eier + 130 g Zucker + 200 g Mehl + 1 ½ TL Backpulver abgeriebene Schale von ½ unbehandelten Zitrone + 1 Prise Salz

Für die Creme: 125 g Butter (Raumtemperatur) + 250 g Puderzucker + 1 Prise Salz ½ TL flüssiges Vanilleextrakt + 1 TL Sahne

Zum Verzieren: Muffinförmchen, Lebensmittelfarbe, Spritzbeutel, Zuckerperlen und Streusel

Den Backofen auf 180 °C Ober-/Unterhitze vorheizen.

Milch und Butter in einem Topf erwärmen, bis sich die Butter vollständig geschmolzen ist. Die Milch-Butter-Masse zum Abkühlen vom Herd nehmen. Eier und Zucker mit einem Handrührgerät schaumig schlagen und die Buttermischung dazugeben.

Mehl, Backpulver, Zitronenschale und Salz vermischen und zu den flüssigen Zutaten geben. Die Masse zu einem glatten Teig verrühren. Ein Muffinblech mit Papierförmchen auslegen und die Förmchen zu etwa zwei Dritteln mit Teig befüllen. Cupcakes 18–20 Minuten auf mittlerer Schiene backen.

Nach dem Backen die Cupcakes vorsichtig aus dem Blech lösen und auf einem Kuchengitter abkühlen lassen.

Für die Creme die Butter cremig rühren, Puderzucker dazusieben und beides mit dem Handrührgerät mindestens 5 Minuten schlagen. Das Salz im Vanilleextrakt auflösen und gemeinsam mit der Sahne zur Buttermischung geben. Die Masse erneut gut verrühren und mit Lebensmittelfarbe färben.

Die Buttercreme in einen Spritzbeutel mit Sterntülle füllen, die ausgekühlten Cupcakes damit verzieren und mit Streuseln bestreuen.

DER EIERLIKÖRGUGELHUPF

5 Eier + 75 g Zucker + 10 g Vanillezucker + 1 Prise Salz + 125 g Eierlikör + 125 ml Sonnenblumenöl + 125 g Stärkemehl + 100 g Mehl (Type 550) + 10 g Backpulver

Außerdem: Fett für die Form + Puderzucker und Zitronensaft für den Guss

Den Backofen auf 180–190 °C Ober-/Unterhitze vorheizen.

Die Eier mit Zucker, Vanillezucker und einer Prise Salz aufschlagen. Eierlikör und Sonnenblumenöl dazugeben. Stärkemehl mit Mehl und Backpulver mischen und unter die Eiermasse rühren.

Eine Gugelhupfform (Ø 22 cm) einfetten. Den Teig in die Form füllen und 25–30 Minuten backen.

Nach dem Backen 10–15 Minuten abkühlen lassen und auf ein Kuchengitter stürzen. Gugelhupf mit Puderzucker, Zucker- oder Eierlikörguss verzieren. Für den Zuckerguss Puderzucker und Zitronensaft zu einer dickflüssigen Masse verrühren und vorsichtig über den Gugelhupf gießen. Variante: Den Guss mit Eierlikör statt Zitronensaft anrühren.

Heino
Heino
Heino

KIRSCHE GESTREUSELT

Für den Hefeteig: 500 g Mehl + 1 Prise Salz + 100 g Zucker + 250 ml Buttermilch
40 g frische Hefe + 75 g Butter + 1 Ei + 2 Gläser Schattenmorellen

Für die Streusel: 150 g Mehl + 100 Zucker + 125 g Butter

Außerdem: Gehobelte Mandeln zum Verzieren

Mehl, Zucker und Salz in eine Rührschüssel geben und vermengen. Die Buttermilch leicht erwärmen und die Hefe darin auflösen. Die Butter zerlassen. Die Hefemilch zum Mehlgemisch geben und alles gut verrühren. Die flüssige Butter und das Ei zufügen und mit Knethaken zu einem glatten Teig verarbeiten. Zugedeckt etwa 20 Minuten an einem warmen Ort gehen lassen.

Die Schattenmorellen in ein Sieb schütten und gut abtropfen lassen.

Ein Backblech einfetten oder mit Backpapier auslegen. Etwas Mehl auf die Arbeitsfläche geben und den Teig darauf ausrollen. Auf das Backblech heben und weitere 20 Minuten gehen lassen.

Den Backofen auf 175 °C Ober-/Unterhitze vorheizen.

Für die Streusel Mehl und Zucker mischen. Die Butter in Flöckchen dazugeben und mit den Knethaken des Handrührgeräts oder den Händen zu Streuseln verarbeiten. Die Schattenmorellen gleichmäßig auf dem Teig verteilen. Die Streusel über die Kirschen geben und den Kuchen auf der mittleren Schiene 25–30 Minuten backen.

10 Minuten vor dem Ende der Backzeit die gehobelten Mandeln über die Streusel streuen.

LEBKUCHENHERZ

350 g Honig + 60 g Rohrohrzucker + 50 g Zucker + 260 g Roggenmehl
220 g Mehl (Type 550) + 1 Eigelb + 1 Prise Salz + 1 Vanilleschote
gemahlene Gewürze nach Geschmack: Sternanis + Zimt + Piment
22 g Backpulver + 5 g Pottasche + etwas Milch

Zum Verzieren: Zuckerschrift und Deko-Elemente aus Zucker

Honig und beide Zuckerarten zusammen bei ca. 40 °C leicht erwärmen, dann auf 20 °C abkühlen lassen.

Beide Mehlsorten mit Eigelb und der Honig-Zucker-Masse zu einem Teig verarbeiten. Das Mark der Vanilleschote und die gemahlenen Gewürze einkneten. Die Lebkuchenmasse 24 Stunden kühl stellen.

Vor der Weiterverarbeitung Backpulver und Pottasche gut in den Teig kneten, anschließend noch einmal ½ Stunde ruhen lassen.

Backofen auf 160–170 °C Ober-/Unterhitze vorheizen.

Teig 0,5 – 1 cm dick ausrollen und mit einem scharfen Messer Herzen ausschneiden. Herzen auf ein mit Backpapier ausgelegtes Backblech legen, mit wenig Milch bestreichen und 12–15 Minuten backen.

Nach dem Backen abkühlen lassen und mit Zuckerschrift und Zuckerelementen verzieren.

Heino
Mit süßen Grüßen

HEINO

STREUSELKUCHEN

Für den Hefeteig: 500 g Mehl + 200 ml Milch + 30 g Hefe + 70 g Zucker
100 g Butter + 2 Eier + 1 Prise Salz + 1 Päckchen Vanillezucker

Für den Belag: 100 g saure Sahne

Für die Streusel: 150 g Mehl + 100 g Zucker + 125 g Butter

Außerdem: Fett für die Form

Das Mehl in eine Rührschüssel sieben und in die Mitte eine Mulde drücken. Die Milch leicht erwärmen, 4 TL davon abnehmen und die Hefe mit 1 TL Zucker darin auflösen. Die Hefemilch in die Mulde gießen, mit etwas Mehl bedecken und zugedeckt an einem warmen Ort 20 Minuten gehen lassen.

Danach die übrige Milch sowie die restlichen Zutaten hinzufügen und alles mit dem Knethaken in 5 Minuten zu einem glatten Teig verarbeiten. Weitere 30 Minuten gehen lassen.

Den Ofen auf 180 °C Ober-/Unterhitze vorheizen. Eine Springform (Ø 26 cm) einfetten.

Den Hefeteig noch einmal durchkneten und in die Springform füllen. Abgedeckt noch einmal 15 Minuten gehen lassen.

Inzwischen für die Streusel Mehl und Zucker mischen. Die Butter in Flöckchen dazugeben und mit den Knethaken des Handrührgeräts oder den Händen zu Streuseln verarbeiten. Die saure Sahne auf den Teig streichen und die Streusel gleichmäßig darauf verteilen.

Den Kuchen im Backofen 25 Minuten backen.

ERDBEERKUCHEN

Für den Biskuitteig: 100 g Butter + 4 Eier + 3 Eigelb + 180 g Zucker + 125 g Mehl
125 g Stärkemehl + je eine Prise Salz und Vanille + ein Spritzer Zitronensaft
Fett und Mehl für die Form
Für den Belag: 500 g Erdbeeren
Für den Vanillepudding: 500 ml Milch + 60 g Zucker + 35 g Puddingpulver
1 Ei + 1 Päckchen Vanillezucker
Für den Tortenguss: 1 Päckchen Tortenguss + 100 g Erdbeerkonfitüre
Zum Verzieren: Gehobelte Mandeln

Den Backofen auf 180 °C Ober-/Unterhitze vorheizen. Erdbeeren waschen, das Grün entfernen.

Die Butter zerlassen. Die Eier mit den Eigelben schaumig schlagen und nach und nach den Zucker unterrühren. Mehl, Stärkemehl, Butter, Gewürze und Zitronensaft leicht unterrühren. Nach Belieben für einen Schokoladenboden noch 100 g Kakao oder 50 g Raspelschokolade in den Teig rühren.

Eine Springform (Ø 26 cm) einfetten und dünn mit Mehl bestäuben. Den Teig in die Form füllen und gleichmäßig verteilen. Ca. 25–30 Minuten backen, nach der Hälfte der Backzeit die Temperatur auf 160 °C senken.

Für den Vanillepudding 400 ml Milch zum Kochen bringen. Die restlichen 100 ml Milch, Zucker, Puddingpulver und Vanillezucker gut vermengen. Das Ei ebenfalls unterrühren. Die Masse in die kochende Milch gießen und gut verrühren, bis der Pudding sämig ist.

Den Vanillepudding gleichmäßig auf dem abgekühlten Kuchenboden verteilen. Den Puddingboden mit ganzen oder halbierten Erdbeeren belegen.

Tortenguss nach Packungsanweisung zubereiten, das ergibt ¼ l Guss. Noch auf dem Herd die Erdbeerkonfitüre einrühren. Den Guss dann über die Erdbeeren verteilen, den Rand mit Mandeln verzieren und den fertigen Erdbeerkuchen erkalten lassen.

GUGELHUPF MARMORIERT

**250 g Butter + 250 g Zucker + 1 Päckchen Vanillezucker + 6 Eier + 400 g Mehl
1 Päckchen Backpulver + 3 EL Kakaopulver + 2–3 EL Milch**

Außerdem: Fett und Mehl für die Form

Den Backofen auf 175 °C Ober-/Unterhitze vorheizen.

Die Butter mit Zucker und Vanillezucker schaumig rühren. Nach und nach die Eier dazugeben und sorgfältig unterrühren (pro Ei etwa ½ Minute). Das Mehl mit dem Backpulver mischen und unterrühren.

Eine Gugelhupfform (Ø 22 cm) einfetten und mit Mehl bestäuben. Zwei Drittel des Teigs in die Form füllen. In den restlichen Teig den Kakao und die Milch rühren. Den dunklen Teig zu dem hellen geben und mit einer Gabel spiralförmig so durch die Teigschichten gehen, dass ein Marmormuster entsteht.

Den Kuchen im Backofen 50 Minuten backen. Die Stäbchenprobe machen und gegebenenfalls noch etwas länger backen.

GEWÜRZKIRSCHKUCHEN

Für den Knetteig: 200 g Mehl + 10 g Backpulver + 125 g Zucker + 100 g Butter + 4 Eigelb 1 EL Kakaopulver + 1 TL Zimt + 150 ml Kirschwasser

Für den Belag: 1 Glas Sauerkirschen (ca. 700 g) + 4 Eiweiß + 150 g Puderzucker 150 g gemahlene Haselnüsse

Außerdem : Fett für die Form + Puderzucker zum Bestäuben

Die Sauerkirschen in ein Sieb schütten und gut abtropfen lassen. Den Backofen auf 190 °C Ober-/Unterhitze vorheizen.

Das Mehl mit dem Backpulver vermischen und mit den restlichen Zutaten zu einem glatten Knetteig verarbeiten.

Eine Springform (Ø 26 cm) einfetten. Den Boden der Springform mit dem Teig auslegen, die Kirschen darauf verteilen. Die Eiweiße mit dem Puderzucker zu steifem Schnee schlagen. Anschließend die gemahlenen Nüsse unterheben. Auf die Kirschen geben und den Kuchen im Backofen 40 Minuten backen.

Nach dem Backen erkalten lassen und mit Puderzucker bestäuben.

GUGELHUPF & ROTWEIN

**250 g Butter + 250 g Zucker + 1 Päckchen Vanillezucker + 4 Eier + 100 g Raspelschokolade
100 g gemahlene Mandeln + 1 EL Kakaopulver zum Backen + 1 TL Zimt + 250 g Mehl
6 g Backpulver + 125 ml Rotwein (z. B. Dornfelder)**

Außerdem: Fett und Mehl für die Form

Den Backofen auf 175 °C Ober-/Unterhitze vorheizen.

Die Butter mit Zucker und Vanillezucker schaumig rühren. Nach und nach die Eier dazugeben und sorgfältig unterrühren. Raspelschokolade, Mandeln, Kakao und Zimt zum Teig geben und unterrühren. Das Mehl mit dem Backpulver mischen und abwechselnd mit dem Rotwein einrühren.

Eine Gugelhupfform (Ø 22 cm) einfetten und mit Mehl ausstreuen. Den Teig in die Form füllen und im Backofen 50–60 Minuten backen.

ORANGENGEHEIMNIS

Für den Teig: 3 Eier + 140 g Zucker + 75 g Mehl + 2 EL Kakaopulver + 20 g Speisestärke
1 TL Backpulver + Fett für die Form

Für die Füllung: 3 Blatt Gelatine + 50 ml Orangensaft + abgeriebene Schale von
½ Orange + 150 g Mascarpone + 2 EL Orangenlikör + 200 g Sahne

Für die Decke: 100 g Orangenmarmelade + 1 Marzipandecke (300 g)
Kakaopulver zum Bestäuben

Den Backofen auf 175 °C Ober-/Unterhitze vorheizen.

Die Eier trennen, Eiweiß mit 3 EL Wasser und 100 g Zucker steif schlagen. Mehl, Kakao, Speisestärke und Backpulver mischen. Zuerst das Eigelb, dann die Mehlmischung unter den Eischnee heben.

Eine Springform (Ø 26 cm) einfetten. Den Teig in die Form geben und 25–30 Minuten backen. Nach dem Backen abkühlen lassen und in zwei Böden zerschneiden.

Die Schlagsahne steif schlagen. Gelatineblätter kurz in etwas Wasser einweichen, anschließend mit dem Orangensaft aufkochen und die Gelatine darin auflösen. Mascarpone, den restlichen Zucker, Orangenschale und Likör verrühren. Die aufgelöste Gelatine unterrühren. Die Sahne unter die Orangengelatine heben.

Die Orangensahne auf dem unteren Boden gleichmäßig verstreichen und mit dem zweiten Boden belegen. Torte 4–5 Stunden kalt stellen.

Die Orangenmarmelade mit 2–3 EL Wasser erhitzen und die Torte damit bestreichen. Die Marzipandecke auflegen und durch ein Sieb mit reichlich Kakao bestreuen.

Heino

Herrliche Berge
sonnige Höhen

HIMBEERKUCHEN

Für den Biskuitteig: 100 g Butter + 4 Eier + 3 Eigelb + 180 g Zucker + 125 g Mehl
125 g Stärkemehl + je eine Prise Salz, Vanille + ein Spritzer Zitronensaft
Fett und Mehl für die Form
Für den Belag: 500 g Himbeeren
Für den Vanillepudding: 500 ml Milch + 60 g Zucker + 35 g Puddingpulver
1 Ei + 1 Päckchen Vanillezucker
Für den Tortenguss: 1 Päckchen Tortenguss + 100 g Himbeerkonfitüre
Zum Verzieren: Gehobelte Mandeln

Den Backofen auf 180 °C Ober-/Unterhitze vorheizen. Himbeeren waschen.

Die Butter zerlassen. Die Eier mit den Eigelben schaumig schlagen und nach und nach den Zucker unterrühren. Mehl, Stärkemehl, Butter, Gewürze und Zitronensaft leicht unterrühren. Nach Belieben für einen Schokoladenboden noch 100 g Kakao in den Teig rühren.

Eine Springform (Ø 26 cm) einfetten und dünn mit Mehl bestäuben. Den Teig in die Form füllen und gleichmäßig verteilen. Ca. 25–30 Minuten backen, nach der Hälfte der Backzeit die Temperatur auf 160 °C senken.

Für den Vanillepudding 400 ml Milch zum Kochen bringen. Die restlichen 100 ml Milch, Zucker, Puddingpulver und Vanillezucker gut vermengen. Das Ei ebenfalls unterrühren. Die Masse in die kochende Milch gießen und gut verrühren, bis der Pudding sämig ist.

Den Vanillepudding gleichmäßig auf dem abgekühlten Kuchenboden verteilen. Den Puddingboden mit Himbeeren belegen.

Tortenguss nach Packungsanweisung zubereiten, das ergibt ¼ l Guss. Noch auf dem Herd die Himbeerkonfitüre einrühren. Den Guss dann über die Himbeeren verteilen, den Rand mit Mandeln verzieren und den fertigen Himbeerkuchen erkalten lassen.

Heino
HEINO R
DEUTSCHL

DIY

Sterne mit etwas Abstand und Geduld ausschneiden, als Streuteile auf der Kuchentafel verteilen.

Heino

ORANGENKUCHEN

100 g Mehl + 100 g Speisestärke + 100 g abgezogene, gemahlene Mandeln + 1 Prise Salz abgeriebene Schale von ½ unbehandelten Orange + abgeriebene Schale von ¼ unbehandelten Zitrone + 250 g Butter (Raumtemperatur) + 200 g Zucker + 3 Eier + 4 Eigelb 4 EL frisch gepresster Orangensaft + 1 EL Zitronensaft + 100 g Orangenmarmelade

Außerdem: Fett für die Form

Den Backofen auf 185 °C Ober-/Unterhitze vorheizen.

Das Mehl mit der Speisestärke mischen. Geriebene Mandeln und 1 Prise Salz mit der Mehlmischung vermengen, Orangen- und Zitronenabrieb ebenfalls dazugeben.

Die Butter mit den Quirlen des Handrührgeräts auf höchster Stufe glatt rühren. Zucker nach und nach zufügen und gemeinsam mit der Butter schaumig rühren. Die Geschwindigkeit reduzieren und nach und nach im Wechsel Eier, Eigelbe und die Mehl-Mandel-Mischung unter die Butter rühren. Orangensaft und Zitronensaft in den Teig mischen.

Eine Kastenform (30 cm) einfetten und leicht mit Mehl bestäuben. Den Teig in die Form füllen und gleichmäßig verteilen. Kuchen auf mittlerer Schiene ca. 50 Minuten backen. Die Stäbchenprobe machen.

Nach dem Backen den noch warmen Kuchen mit einem Messer von der Form lösen und auf ein Kuchengitter stürzen, dort abkühlen lassen.

BUTTERMILCHKUCHEN VOM BLECH

Für den Teig: 500 g Mehl + 200 g Zucker + 1 Päckchen Vanillezucker
280 ml Buttermilch + 3 Eier + 1 Päckchen Backpulver

Für den Belag: 200 g gehobelte oder gehackte Mandeln + 60 g Zucker

Für den Guss: 100 g Butter + 200 g Sahne

Außerdem: Fett für das Blech

Den Backofen auf 180 °C Ober-/ Unterhitze vorheizen.

Mehl, Zucker, Buttermilch, Eier, Vanillezucker und Backpulver mit den Quirlen des Handrührgerätes verrühren.

Ein Backblech einfetten oder mit Backpapier auslegen. Den Teig auf das Backblech gießen und glatt streichen.

Für den Belag Mandeln und Zucker mischen und auf dem Teig verteilen. Den Kuchen im Backofen 25 Minuten backen.

Für den Guss die Butter mit der Sahne aufkochen, dabei verrühren und gleichmäßig auf dem noch heißen Kuchen verteilen.

Heino

RHABARBER-BAISERKUCHEN

750 g Rhabarber

Für den Teig: 170 g Mehl + 60 g Speisestärke + 1 TL Backpulver + 150 g Butter + 150 g Zucker + 1 Päckchen Vanillezucker + 3 Eigelb + 2 Eier

Für das Baiser: 4 Eiweiß + 1 Prise Salz + 240 g Zucker + 1 TL Zitronensaft

Außerdem: Fett für die Form

Den Rhabarber waschen, schälen und in kleine Stücke schneiden. Den Backofen auf 180 °C Ober-/Unterhitze vorheizen.

Das Mehl mit Speisestärke und Backpulver mischen und sieben. In einer Rührschüssel die weiche Butter mit Zucker und Vanillezucker schaumig rühren. Nach und nach die Eigelbe und die Eier sorgfältig untermengen. Das Mehlgemisch esslöffelweise unterrühren.

Eine Springform (Ø 26 cm) einfetten oder mit Backpapier auslegen. Den Teig in die Form füllen und verstreichen. Die Rhabarberstücke auf den Teig legen. Den Kuchen etwa 40 Minuten backen.

Für das Baiser die Eiweiße mit dem Salz zu steifem Schnee schlagen. Nach und nach den Zucker einrieseln lassen und unterschlagen. Zum Schluss den Zitronensaft unterrühren. Die Masse in einen Spritzbeutel mit gezackter Spritztülle füllen.

Den Kuchen kurz aus dem Ofen nehmen und die Baisermasse auf den Kuchen spritzen. Sie lässt sich aber auch gut mit dem Löffel darauf verteilen. Den Kuchen weitere 20 Minuten backen. Eventuell die Temperatur herunterschalten, damit das Baiser nicht zu dunkel wird.

PFLAUMENKUCHEN

**Für den Teig: 850 g Pflaumen + 100 g Mehl + 50 g Speisestärke + 10 g Backpulver
1 Prise Salz + 1 Ei + 80 g Zucker**

Für die Streusel: 150 g Mehl + 100 g Butter + 100 g Zucker

Außerdem: Fett für die Form

Die Pflaumen waschen, halbieren und entsteinen. Den Backofen auf 165 °C Umluft vorheizen.

Das Mehl mit der Stärke und dem Backpulver vermischen und mit den restlichen Zutaten zu einem Teig verkneten. Eine Springform (Ø 26 cm) einfetten. Den Teig in die Form streichen und mit den Pflaumen dicht belegen.

Das Mehl mit der Butter und dem Zucker zu Streuselteig verkneten und mit den Fingern über die Pflaumen krümeln.

Den Kuchen 40–45 Minuten im vorgeheizten Backofen backen.

MIT FREUNDLICHEN
GRUSSE

SCHOKO & MANDEL

250 g Butter (Raumtemperatur) + 160 g Zucker + 5 Eier + 150 g Raspelschokolade
120 g Mehl + 1 TL Backpulver + 125 g abgezogene, gehackte Mandeln
1 Päckchen Vanillezucker

Den Backofen auf 150 °C Ober-/Unterhitze vorheizen.

Die Butter schaumig schlagen, Zucker nach und nach unterrühren. Die Eier trennen. Eigelb, Mehl und Backpulver mit der Butter-Zucker-Masse verrühren. Schokolade und Mandeln ebenfalls einrühren.

Das Eiweiß in einer zweiten Schüssel zu Schnee schlagen und unter den Teig heben.

Eine Kastenform (30 cm) einfetten. Den Teig in die Form füllen, gleichmäßig verstreichen und 60–90 Minuten backen. Nach 60 Minuten die Stäbchenprobe machen.

KIRSCHAUFLAUF

1 kg Sauerkirschen (alternativ 1 ½ Gläser Schattenmorellen) + 300 g Semmelbrösel (alternativ Zwieback) + 250 ml Milch + 150 g Butter + 6 Eier + 150 g Zucker 100 g abgezogene, gemahlene Mandeln + 1 TL Zimt + 2 cl Kirschwasser

Außerdem: Fett und Semmelbrösel für die Form

Den Backofen auf 180 °C Umluft vorheizen.

Die frischen Kirschen waschen, entsteinen und beiseitestellen. Alternativ die 1 ½ Gläser Schattenmorellen in einem Sieb gründlich abtropfen lassen. Die Milch erhitzen, die Semmelbrösel damit übergießen und darin einweichen lassen.

Die Eier trennen. Die weiche Butter mit den sechs Eigelben und dem Zucker schaumig rühren. Die Mandeln, den Zimt und das Kirschwasser unterrühren. Die Semmelbrösel zur Masse geben und ebenfalls unterrühren. Die Kirschen dazugeben und mit dem Teig vermischen. Das Eiweiß sehr steif schlagen und vorsichtig unterheben.

Eine Springform (Ø 26 cm) einfetten und mit Semmelbröseln ausstreuen. Die Masse hineingeben. Den Kuchen im Backofen 40–45 Minuten backen.

TEA TIME

2 cm frischer Ingwer + 125 g getrocknete Cranberrys
1 EL Rum (alternativ Orangensaft) + 350 g Mehl + 1 Päckchen Backpulver
250 g Butter + 200 g brauner Zucker (Farinzucker) + 2 Prisen Salz + 5 Eier

Außerdem: Fett für die Form

Eine Kastenform (30 cm) einfetten oder mit Alufolie auskleiden. Den Backofen auf 180 °C Ober-/Unterhitze vorheizen.

Den frischen Ingwer sehr fein reiben, die Cranberrys grob hacken. Ingwer und Cranberrys mit Rum oder Orangensaft marinieren und mit 1 EL Mehl vermischen.

Das restliche Mehl mit dem Backpulver mischen und sieben. Die weiche Butter mit Zucker und Salz sehr schaumig schlagen. Nach und nach die Eier unterrühren. Die Mehlmischung esslöffelweise dazugeben. Zuletzt die Früchtemischung vorsichtig unterheben.

Den Teig in die Form füllen. Den Kuchen auf der unteren Schiene im Backofen 70 Minuten backen. Nach der Hälfte der Backzeit die Temperatur auf 150 °C reduzieren.

SANDGUGELHUPF

6 Eier + 380 g Zucker + 2 Päckchen Vanillezucker + 175 g Mehl + 175 g Speisestärke
10 g Backpulver + 380 g Butter + Puderzucker zum Bestreuen

Außerdem: Fett und Mehl für die Form

Den Backofen auf 175 °C Ober-/Unterhitze vorheizen.

Die Eier mit Zucker und Vanillezucker schaumig rühren. Das Mehl mit Speisestärke und Backpulver mischen und in den Teig einrühren. Die Butter zerlassen und unterrühren.

Eine Gugelhupfform (Ø 22 cm) und mit Mehl bestäuben. Den Teig in die Form füllen und im Backofen 60–70 Minuten backen.

Nach dem Backen abkühlen lassen, stürzen und nach Belieben mit Puderzucker bestreuen.

FEIGENKUCHEN

Für den Teig: 250 g getrocknete Feigen + 175 g Portwein + 125 g Butter
125 g brauner Zucker + ½ TL Zimt + 1 Prise Salz + 2 Eier + 125 g Mehl + 1 TL Backpulver

Für den Belag: 2 EL Aprikosenmarmelade + 15 g Askalon (Feigenlikör)
3–4 frische Feigen

Außerdem: Butter und gemahlene Mandeln für die Form

Die Feigen ca. 12 Stunden in Portwein einlegen.

Den Backofen auf 160 °C Umluft vorheizen. Butter, Zucker, Zimt und Salz schaumig rühren und die Eier nach und nach unterrühren. Backpulver und Mehl vermischen und unter die Masse heben. Einmal kurz, aber kräftig aufrühren. Die in Portwein eingelegten Feigen abtropfen lassen und fein hacken, dann unterheben. Den Portwein für die spätere Verwendung beiseitestellen.

Eine Springform (Ø 18 cm) fetten und mit gemahlenen Mandeln ausstreuen. Den Teig einfüllen und ca. 40–50 Minuten backen.

Den noch etwas warmen Kuchen mit dem Rest Portwein tränken. Aprikosenmarmelade und Feigenlikör kurz aufkochen. Die frischen Feigen in feine Scheiben schneiden und den Kuchen ringsum damit belegen. Mit der warmen Aprikosenmarmelade bestreichen und alles abkühlen lassen.

RAHM & RHABARBER

Für den Mürbeteig: 375 g Mehl + 70 g Zucker + abgeriebene Schale von ½ unbehandelten Zitrone + 1 Ei + 140 g Butter + Semmelbrösel zum Bestreuen + Fett für die Form

Für den Belag: 1 kg Rhabarber + 4 Eier + 175 g Zucker + 200 g saure Sahne 150 g Naturjoghurt + 3 EL Speisestärke + 3 EL gemahlene Mandeln

Das Mehl auf die Arbeitsfläche sieben, in die Mitte den Zucker und die Zitronenschale geben, das Ei auf den Zucker setzen und beides mit einer Gabel verquirlen. Die Butter auf dem Rand verteilen. Alles mit einem großen Messer durchhacken und zügig zu einem Mürbeteig verkneten. 30 Minuten kalt stellen.

In der Zwischenzeit den Rhabarber schälen und in kleine Stücke schneiden. Den Backofen auf 190 °C Umluft vorheizen.

Für den Belag die Eier trennen. Die Eigelbe mit dem Zucker sehr schaumig rühren. Die saure Sahne und den Joghurt mit dem Speisestärke und den Mandeln unterziehen. Die Eiweiße steif schlagen und vorsichtig unter die Masse heben.

Eine Springform (Ø 26 cm) einfetten. Den Mürbeteig ausrollen und in die Form legen. Den Boden mit einer Gabel mehrmals einstechen und mit Semmelbröseln bestreuen. Den Rhabarber locker auf dem Teig verteilen und mit der Eier-Rahm-Masse übergießen.

Den Kuchen im Backofen auf der mittleren Schiene 1 Stunde backen. Falls der Guss zu schnell braun wird, den Kuchen mit Backpapier abdecken und zu Ende backen.

Heino
Heino

VERSUNKENE KIRSCHE

1 Glas Schattenmorellen (370 g Abtropfgewicht) + 200 g Butter + 150 g Zucker
1 Päckchen Vanillezucker + 1 Prise Salz + 4 Eier + 300 g Mehl + ½ Päckchen Backpulver
100 ml Orangensaft

Außerdem: Fett für die Form + frische Kirschen zum Verzieren

Den Backofen auf 175 °C Ober-/Unterhitze vorheizen. Die Kirschen in ein Sieb geben und abtropfen lassen.

Die Butter cremig rühren, dabei nach und nach den Zucker und Vanillezucker unterrühren. Eier nacheinander ebenfalls unterrühren. Mehl und Backpulver mischen und abwechselnd mit dem Orangensaft einrühren.

Eine Springform (ø 26 cm) einfetten. Den Teig hineinfüllen, gleichmäßig verstreichen und die Kirschen darauf verteilen. Auf der 2. Schiene von unten 60 Minuten backen.

Nach dem Backen abkühlen lassen, aus der Form lösen und mit frischen Kirschen dekorieren.

DIE SCHWARZE BARBARA

100 g Zartbitterschokolade + 1 EL Schmand + 120 g Butter + 180 g Zucker
1 Päckchen Vanillezucker + 10 g ungesüßtes Kakaopulver + 1 Ei
125 g Mehl + 10 g Backpulver

Zum Garnieren: 100 g dunkle Kuvertüre + gehobelte Mandeln

Eine Springform (Ø 22 cm) mit Backpapier auslegen. Den Backofen auf 170 °C Ober-/Unterhitze vorheizen.

Die Schokolade in kleine Stücke hacken. Die Schokoladenstückchen mit Schmand, Butter, Zucker, Vanillezucker, Kakao und 125 ml Wasser in einen kleinen Topf geben. Bei geringer Hitze erwärmen, bis die Butter und die Schokolade geschmolzen sind. Dabei gelegentlich umrühren. Die Schokoladenmasse vom Herd nehmen und in eine Rührschüssel umfüllen. Anschließend 15–20 Minuten abkühlen lassen.

Das Ei zur Masse geben und mit dem Handrührgerät auf höchster Stufe unterrühren. Das Mehl mit dem Backpulver mischen und esslöffelweise unterrühren. Die Masse (Achtung: der Teig ist sehr flüssig!) in die Springform füllen und im Backofen bei 40–45 Minuten backen. Mit einem Stäbchen prüfen, ob der Teig nicht mehr klebt.

Den Kuchen aus dem Backofen nehmen und sofort aus der Form lösen. Auf einem Kuchenrost auskühlen lassen und den Kuchen auch mit der Schokoladenglasur überziehen. Dazu die Kuvertüre im Wasserbad bei geringer Hitze schmelzen lassen und den Kuchen damit bestreichen. Mandelblättchen am Boden auf die noch nicht feste Kuvertüre drücken und erkalten lassen.

WALNUSS & SCHOKO IM KRANZ

375 g Butter (Raumtemperatur) + 1 Prise Salz + 8 Eier + 300 g Zucker + 450 g Mehl
1 Päckchen Backpulver + 200 g gemahlene Walnüsse + 125 g Raspelschokolade
3 EL Rum + Fett für die Form

Zum Verzieren: Puderzucker + Walnusskerne zum Verzieren

Den Backofen auf 180 °C Unter-/Oberhitze vorheizen.

Die Butter mit 1 Prise Salz schaumig rühren. Nach und nach Eier und Zucker abwechselnd einrühren. Das Mehl mit dem Backpulver vermischen, sieben und in die Masse rühren.

Den Rum dazugeben. Raspelschokolade und Walnüsse unterheben.

Eine Kranzform (ø 26 cm) einfetten und den Teig darin gleichmäßig verteilen. Auf mittlerer Schiene 50–55 Minuten backen. Nach dem Backen 5 Minuten abkühlen lassen und auf ein Kuchengitter stürzen.

Den vollständig abgekühlten Kuchen mit Puderzucker bestäuben und mit Walnüssen verzieren.

VERSUNKENER APFELKUCHEN

3 Eier + 200 g Butter + 125 g Puderzucker + abgeriebene Schale von 1 unbehandelten Zitrone + 200 g Mehl + 2 TL Backpulver + 3 EL Milch + 6–7 Äpfel

Außerdem: Puderzucker und Zitronensaft für den Guss + Fett für die Form gehobelte Mandeln zum Verzieren

Den Backofen auf 180 °C Ober-/Unterhitze vorheizen.

Die Eier trennen. Die Eiweiße zu Schnee schlagen und beiseitestellen.

Die weiche Butter mit dem Puderzucker und den Eigelben schaumig rühren. Die Zitronenschale unterrühren. Das Mehl mit dem Backpulver mischen, sieben und mit der Milch in den Teig einrühren. Zum Schluss den Eischnee unterheben.

Eine Springform (Ø 22 cm) einfetten. Den Teig in die Form füllen.

Die Äpfel schälen, halbieren und vom Kerngehäuse befreien. Mit der Rundung nach oben in den Teig drücken und mehrmals längs einschneiden.

Den Kuchen im Backofen etwa 40 Minuten backen. Nach dem Backen abkühlen lassen. Puderzucker und Zitronensaft zu einem dickflüssigen Guss verrühren und den Kuchen damit überziehen. Mit gehobelten Mandeln verzieren.

Heino²

LIMETTENKUCHEN

250 g Butter + 200 g Zucker + 1 Prise Salz + abgeriebene Schale von 1 unbehandelten Limette + 60 g Zitronengelee + 3 Eier + 2 Eigelb 170 g Mehl + 100 g gemahlene Mandeln + 15 g Backpulver

Für den Guss: 125 ml frisch gepresster Limettensaft + 100 g Puderzucker

Außerdem: Fett für die Form

Den Backofen auf 175 °C Ober-/Unterhitze vorheizen.

Die Butter mit Zucker, Salz, Limettenschale, Zitronengelee, Eiern und Eigelben schaumig schlagen. Das Mehl mit Mandeln und Backpulver mischen und unterrühren.

Eine Kastenform (30 cm) einfetten. Den Teig einfüllen und im Backofen 50 Minuten backen.

Nach dem Backen den Kuchen in der Form etwas auskühlen lassen. Mit einem Holzstäbchen mehrmals einstechen. Den Limettensaft und den Puderzucker mischen und den Kuchen damit beträufeln, bis er gut durchtränkt ist. Mindestens 1 Stunde ruhen lassen.

KRÄUTERGUGELHUPF

200 g Mehl + 200 ml Milch + 30 g Hefe + 250 g Butter + 5 Eier
400 g Mehl + 1 Prise Salz + Kräuter, Speck und Nüsse nach Belieben

Etwas Mehl in eine Rührschüssel sieben und in die Mitte eine Mulde drücken. Die Milch leicht erwärmen und die Hefe darin auflösen. Die Hefemilch in die Mulde gießen, mit etwas Mehl bedecken und zugedeckt an einem warmen Ort 20 Minuten gehen lassen.

Den Ofen auf 180 °C Ober-/Unterhitze vorheizen. Mit dem Handrührgerät Eier und Butter schaumig rühren, den Vorteig und den Rest des Mehls zugeben, die Kräuter, Nüsse und Speck nach Belieben einarbeiten. Weitere 30 Minuten gehen lassen.

Eine Gugelhupfform (Ø 22 cm) einfetten. Den Teig hineingeben, abgedeckt noch einmal 20 Minuten ruhen lassen und anschließend 30–40 Minuten im vorgeheizten Backofen backen.

DIY

Motive mit etwas Abstand ausschneiden. Berge an einem, Schriftzug an zwei Holzspießen befestigen und in den fertigen Kuchen stecken.

REZEPTVERZEICHNIS

Biskuitteig

Hefeteig

Kleingebäck

Mürbteig

Pikantes Gebäck

Rührteig

ZUTATENREGISTER

Das Zuckerbäcker-Team von Christoph Vogel (von links nach rechts): Kerstin Schwalb, Lukas Schultz, Christoph Vogel und Steven Finke

DANKE

Jan Mewes und seinem coolen Team für die professionelle und freundliche Zusammenarbeit.
www.kuenstlershow.de

Christoph Vogel und seinen Zuckerbäckern für die ofenfrischen „Süßen Grüße".
www.cafesixt.de

Maria Brinkop für Ihre einfallsreichen Bilder.
www.fotobrinkop.de

Kochatelier Deidesheim für die Unterstützung des Fotoshootings.
www.ketschauer-hof.com

Last but not least:

Heino und Hannelore für die liebenswerte Unterstützung, Inspiration und unvergessene Begegnungen bei Kaffee und Kuchen.
www.heino.de

IMPRESSUM

Projektleitung und Chefredaktion
Ingo Swoboda, Neuer Umschau Buchverlag GmbH, Neustadt/Weinstraße

Art Direktion
Janine Becker, Neuer Umschau Buchverlag GmbH, Neustadt/Weinstraße

Satz und Gestaltung
Tina Defaux, Neuer Umschau Buchverlag GmbH, Neustadt/Weinstraße

Fotografie & Styling
Maria Brinkop, Hildesheim · www.fotobrinkop.de
außer auf den Seiten 4–14 + 142: Starwatch Entertainment/Christian Brodack

Foodstyling
Café Confiserie Sixt, Christoph Vogel, Neustadt/Weinstraße

Reproduktion
Blaschke Vision, Freigericht

Druck und Verarbeitung
NINO Druck GmbH, Neustadt/Weinstraße

Printed in Germany
ISBN 978-3-86528-698-7

Besuchen Sie uns im Internet
www.umschau-buchverlag.de